Bibliothek für Lebenskünstler

Wie Adam zählen lernte

*Eine Kulturgeschichte
in Bildern von*

Hans Traxler

Diogenes

Inhalt

Die Zahlen und ich 7
Am Anfang war die 1 13
Die Schrecken des dualen Prinzips 25
Die erste ungerade Primzahl 3 31
Die heilige Zahl 4 46
Quinäre Fingerzählung 54
Das additive Prinzip 57
Zwei mal fünf Zehen 58
Ebels Versuch 60

Die Zahlen und ich

1.

Lange bevor mir klarwurde, daß die meisten Dinge mehrfach vorkommen, wuchs ich in einer Welt des Einmaligen auf.

Mein Heimatdorf S. lag in einer waldreichen, aber menschenarmen Gegend. Da gab es wenig zu zählen. Ich erinnere mich an 1 Dorfstraße, 1 Ententeich, 1 Zwergschule, 1 Dorfpolizisten, 1 Viehhändler, 1 Kolonialwarenhändler, 1 Hebamme und 1 Taxi, ein cremefarbenes Landaulet der Marke TATRA.

Mit 3 Jahren erfuhr ich, daß es noch eine 2. Großmutter gab (die des Vaters). Sie starb aber während unseres 1. Besuches, so daß ich bis zum Schulbeginn mit meinem 1er-System gut auskommen konnte.

2.

Ich muß daran erinnern, daß es zur Zeit meiner Einschulung 2 Milliarden Erdenbewohner gab. Inzwischen sind es starke 5 Milliarden.

Hinzu kommt, daß die Menschen damals gewohn-heitsmäßig ruhig in ihren Küchen, Stuben oder Ställen verharrten, von außen also wenig bemerkt wurden. Das verstärkte den Eindruck, daß die Gemeinwesen und Landschaften in jener Zeit menschenleerer waren, als es tatsächlich zutraf.

Ich sehe mir gern Postkarten oder Spielfilme aus den 30er oder 40er Jahren an. Welch wohltuende Leere! Welch bedeutsamer Auftritt des Einzelnen! Welch weite Räume selbst an den Badeständen von Nizza, Portofino oder Knokke!

3.

Nun hat sich erfreulicherweise die Zahl der Deutschen in den letzten 50 Jahren nicht vergrößert. Tatsächlich haben wir noch nicht einmal wieder jene 80 Millionen erreicht, die wir schon vor dem Kriege waren.

Durch unsere neurotische Hypermobilität, die uns zwingt, wie die Brummkreisel unaufhörlich durch Europa und die Welt zu schlittern, und dies selbst während der Bürostunden, scheinen wir ständig an mehreren Orten gleichzeitig anwesend zu sein, wo-durch leicht der Eindruck entstehen kann, und bei unseren Nachbarn verhängnisvollerweise auch immer wieder entsteht, wir seien ein großes, ein bedeutendes, ein 300-Millionen-Volk.

4.

Die weitere Aneignung von neuen Zahlenmengen verlief in meiner Zwergschulzeit ähnlich gemächlich wie beim Cro-Magnon-Menschen.

Nach meiner Erinnerung dauerte es 2 Jahre, bis wir, ohne schwindlig zu werden oder uns übergeben zu müssen, mit den Zahlen bis 10 umgehen konnten.

5.

Hier fehlt der pflichtgemäße Einschub, daß sich an meiner Zahlenschwäche seither nichts geändert habe. Aus irgendeinem Grund finden es Künstler, Schriftsteller und alle Geisteswissenschaftler angemessen, immer wieder schelmisch zu versichern, sie könnten mit Zahlen nicht umgehen und hätten also auch zum Geld überhaupt kein Verhältnis.

Auf mich trifft das nicht zu. Ungeachtet meiner zahlenarmen Jugend kann ich mit Zahlen sogar sehr gut umgehen. Ich habe auch ein verläßlich funktionierendes Zahlen-Langzeitgedächtnis. Etwa 20 Telefonnummern samt Vorwahl kann ich jederzeit aufsagen, dazu die Fahrgestellnummer meines Fahrrads, das Ende der Luftschlacht über England, die Fabriknummer meines Lieblingszeichenpapiers, das Datum meiner letzten Zigarette und die Spieldauer meines Lieblingsfilms (Lubitsch: *One hour with you.* 1, 10' 49").

6.

Mit dem Geld verhält es sich ganz ähnlich. Dazu habe ich ein seriöses, interessiertes, auf ständige Vermehrung bedachtes Verhältnis.

7.

Wie fast alle angenehmen Tätigkeiten (Reisen, schön essen gehen, durch Ausstellungen laufen, Bücher machen) unterliegt auch das Zusammenraffen von Geld einer galoppierenden Inflationierung.

8.

Um noch einmal auf meine Kindheit in S. zu kommen. Dort gab es 1 Millionär. Er war Baron und lebte in einem Gutshaus.

In der Stadt, in der ich jetzt wohne, gibt es 6000 Millionäre. Mit einigen bin ich befreundet. Sie wohnen zur Miete, tragen scheußlich gemusterte Hemden, trinken ihr Bier im *Horizont*, duzen sich mit dem Ober und arbeiten regelmäßig.

Und obwohl eine Million immer noch eine Menge Geld ist, die man gar nicht so leicht loswerden kann (zu hohe Zinsen), bedeutet sie doch viel weniger als früher.

9.

In den 60er Jahren gab es einen *New Yorker*-Cartoon, auf dem ein Abgeordneter zu sehen war, der, vom Capitol kommend, zu den Zeitungsreportern sagt: »Wir müssen praktisch mit jeder Million rechnen!«

Das war damals komisch. »Mit jeder Million! Wow! Da siehst du doch wieder, wie diese Schweine mit unserem Geld umgehn!«

Heute rechnet kein Politiker mehr, z. B. in Bonn, mit Millionen. 15 Milliarden für Gorbatschow, 50 Milliarden Nettokreditaufnahme, 200 Milliarden für die ehemalige DDR, das sind die Zahlen.

Sie sind, sieht man von den Nullen ab, wieder recht einfach und handlich geworden. Fast so wie damals, in der afrikanischen Savanne, als Adam das Zählen lernte.

Am Anfang war die 1

Das Weltbild des Menschen im Jahre 200 000 v. Chr.
war monokausal, monotheistisch, monistisch, mono-
man und sehr, sehr monoton...

Monolithen beherrschten die Landschaft ...

. . . eine Landschaft, die nicht zuletzt wegen der völli-
gen Abwesenheit von Blumen und Schmetterlingen
etwas sehr Monochromes, ja Eintöniges hatte.

Verständlich, daß der Urmensch es eilig hatte, das Einrad zu erfinden, um diese Landschaft schneller durcheilen zu können...

... und den Einbaum, um die Gewässer zu über-
winden.

So verbrachte er seine Tage – bei einer durchschnittlichen Lebenserwartung von 21 Jahren als eingefleischter, einfältiger, einzelgängerischer Einsiedler . . .

... mit dem Einhorn als einzigem Hausgenossen.

Bei einer geschätzten Gesamtbevölkerung von 2500 Menschen für das Gebiet der heutigen Bundesrepublik konnte sich der Urmensch mit Fug als einzigartig betrachten.

Und schließlich war es auch noch gar nicht so lange her, daß er aus einem Einzeller entstanden war. Irgend etwas in seinem Inneren erinnerte sich noch sehr, sehr gut daran.

Er war sehr einsam.

Bis eines Tages das Unvermeidliche geschah ...

Die Schrecken des dualen Prinzips

Auf einem Beutezug durch das Heidelberger Ur-
stromtal stieß der Erste Mensch auf eine Grupe von
Wesen seiner Art. Da er nicht zählen konnte, war es
ihm auch nicht möglich, die Größe der Bedrohung
zahlenmäßig abzuschätzen. Doch soviel erkannte er
instinktiv: Daß die Wonnen des Alleinseins, sein Mo-
nopol, das Einssein für immer der Vergangenheit
angehörten.

Statt dessen standen ihm die Schrecken des dualen
Prinzips bevor.

Ein tiefes Grunzen entrang sich seiner Kehle. Dann
floh er in Panik.

Bald merkte der Urmann, daß er nicht alleine floh . . .

So kam die Zweierbeziehung auf die Welt...

... und mit ihr der zweiflammige Kochherd...

... der Zweier ohne Steuermann ...

und das Zweiparteiensystem.

Es entstand aber auch, in friedlichen Zeiten, eine Art primitives, den bescheidenen Ansprüchen des Steinzeitmenschen vollauf genügendes Glücksspiel ...

Die erste ungerade Primzahl 3

So lebte die Menschheit runde 114 000 Jahre dahin, ohne bis 3 zählen zu können. Es war eine etwas langweilige, aber doch auch sehr friedliche Zeit.

Jedenfalls bis zu dem schwülen Junitag des Jahres 86 000 v. Chr., an dem unweit des Mount Kenia (Ostafrika) eine Katastrophe geschah.

An diesem Tag pirschte der Jäger Uruk im dichten Savannengras eine Herde von Springböcken an, als er einer äsenden Elefantenfamilie in die Quere kam.

Der leichtfüßige Uruk entkam dem ersten ...

. . . und auch dem zweiten Elefantenbullen ohne große Mühe und fühlte sich damit in Sicherheit.

Uruk nahm damit, verhängnisvollerweise, den ersten Lehrsatz des deutschen Rechenmeisters Adam Riese vorweg, der besagt, daß alles, was sei, auch zählbar und was nicht zählbar sei, auch nicht existiere.

Die Folgen dieser Fehlrechnung waren für Uruk äußerst schmerzhaft, als er von dem dritten Elefantenbullen auf die Stoßzähne genommen wurde.

Wir können von Glück reden, daß unser Vorfahr lange genug lebte, um seinen Hordenkameraden die Ausweitung des Numerischen um die erste ungerade Primzahl 3 dringend zu empfehlen. Erst dann verschied er.

So erweiterte sich der Kulturbegriff des Jahres 66 000 um die Dreiecksbeziehung...

... das 3-Sterne-Restaurant ...

... die Trikolore ...

... und vor allem um die schöne Erfahrung der 3. Dimension.

Das Leben war jetzt nicht mehr so einfach wie bisher. Alles hatte nun seine drei Seiten. Für den schlichten Würmzeitmenschen war es nicht immer leicht, sich mit so neuartigen Begriffen wie Dreifelderwirtschaft, Dreimeilenzone und Dreibandbillard vertraut zu machen. Kein Wunder, daß er es gar nicht eilig hatte, sein Leben durch immer neue Mengen zu komplizieren. Als es dann doch geschah, passierte es in einer der entferntesten Ecken der damals bekannten Welt, in der einsilbigen Stadt Ur.

Die Menschen im Zweistromland hatten das Dreizahlensystem anfangs mit großer Begeisterung aufgenommen. Um das Jahr 3000 v. Chr. wurde es schnell Mode, die Höhlen zu verlassen und in Jurten und Lehmhütten zu wohnen, die einen dreieckigen Grundriß hatten.

Doch bald zeigten sich die Nachteile des neuen Systems. Die Bewohner der Dreieckshäuser wurden nämlich zu einer Schlafhaltung gezwungen, die sie bald als lästig empfanden.

Und kaum waren 300 Jahre ins Land gezogen (damals entwickelte sich alles viel langsamer als heute), da zog das Volk vor den Palast des Königs Enkidu und verlangte stürmisch die Erhöhung der Zahlenmenge um einen Zähler.

43

Der König ließ die drei lautesten Aufrührer von seiner Palastgarde gefangennehmen und dreiteilen. Dann zog er sich mit seinen Schamanen zur Beratung zurück.

Die warnten den König dringlich davor, dem Verlangen des Volkes nach der neuen Zahl nachzugeben.

»Das wird«, argwöhnte der Oberpriester Mesop, »die Begehrlichkeit der Massen nach immer neuen Mengen und Zahlen nur anspornen.« Womit er zweifellos recht hatte.

Der König, der seinen dreieckigen Thronsitz schon immer etwas eng gefunden hatte, drängte nach einer Entscheidung. In der dritten Nacht zog über dem Palast ein schweres Gewitter auf.

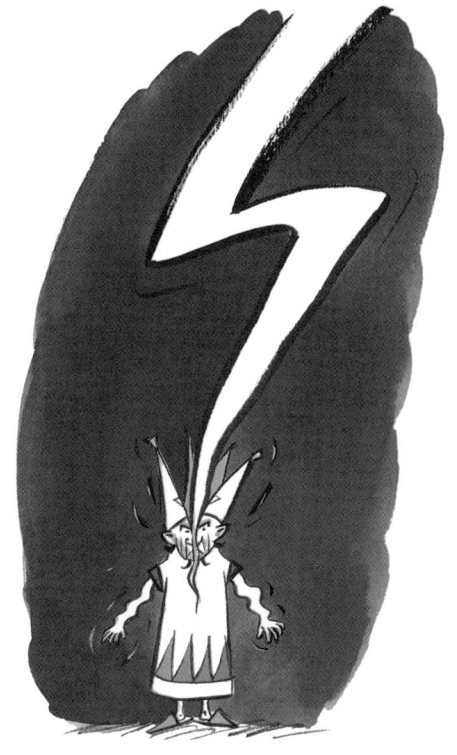

Und als eben der Sprecher des Trifoliums König
Enkidu beschwor, von dem neumodischen Teufels-
werk zu lassen und die DREI für heilig und unabänder-
lich zu erklären, da öffneten sich die Schleusen des
Himmels und gleichzeitig mit dem ersten Regentrop-
fen fuhr ein gewaltiger Blitz aus den Wolken und
spaltete den eifernden Hohepriester in vier Teile.

Die heilige Zahl 4

Da der Blitz aber nach dem Zeugnis aller Überleben-
den ganz eindeutig die Gestalt einer 4 hatte, ließ der
König sofort seinen Schreiber kommen und diktierte
ihm ein Dekret, in dem die VIER in ganz Mesopotamien
zur heiligen Zahl erklärt und deren Anwendung zum
allgemeinen Gebot gemacht, deren Mißbrauch aber
mit 4 Jahren Galeere bestraft wurde.

Die neue Zahl war, wie wir heute sagen: ein Renner.
Torten und Königreiche konnten nun sauber gevier-
teilt werden...

Es gab, nach Frühling, Sommer und Herbst, jetzt eine
vierte Jahreszeit...

Und bald darauf wurde auch die vierte Himmelsrichtung proklamiert, wodurch sich König Enkidus Reich weit nach Westen bis zum Mittelmeer ausdehnen konnte.

Aber auch für den guten König Enkidu selber fiel etwas ab. Er konnte nun endlich die Anzahl seiner Kebsweiber um die langumworbene, langhaarige und langbeinige Idris vermehren.

Er bekam auch einen schönen viereckigen Palast, einen bequemeren Thronsitz und einen 4. Aufsatz für seine Tiara, und er konnte jetzt seinen Vierjahresplan in die Tat umsetzen, den er mit der Ausgabe 4-prozentiger Staatsobligationen finanzierte.

Man hätte meinen können, daß die Menschheit sich mit der neuen Zahl, die sich im übrigen in Windeseile bis nach Hinterindien verbreitete, zufriedengeben würde.

Auch die Berater des Königs sahen nun eine natürliche, arithmetische Grenze erreicht.

»Es ist dem Menschen von Gott und der Natur nicht gegeben«, so dozierten sie, »eine größere Zahl als die 4 zu erfassen.« Und damit behielten sie bis auf den heutigen Tag recht. Zwar handeln wir nun mit Milliarden und rechnen mit Billionen, und dennoch sind wir nicht imstande, zu erkennen, ob eine Treppe 5 oder 6 Stufen hat oder ob in einer Schale 7 oder 8 Apfelsinen liegen. Wir müssen sie zählen. Das aber mußten die alten Mesopotamier erst lernen.

Und nicht nur sie. Als 2400 Jahre nach Enkidus Tod die alten Römer über die Vier hinaus zählen wollten, mußten sie erkennen, daß sie nicht einfach einen weiteren senkrechten Balken neben die IIII setzen konnten. Also nahmen sie aus ihrer Zeichenschrift das Vau und machten daraus die Vünf. Sogar bei ihrem eigenen Nachwuchs zogen sie nach dem 4. Kind eine semantische Grenze. Die Kinder Nr. 1–4 erhielten nämlich normale Namen wie Julius, Titus, Antonius oder Gaius, ab dem 5. gab es nur noch Zahlennamen: Quintus, Sextus, Septimus usw. bis Decimus.

53

Quinäre Fingerzählung

Kehren wir zurück ins Jahr 1100 v. Chr. Obwohl mit der Einführung der 4 nun der Erfindung des Vierspeichenlenkrads, des Vierradantriebs und des Viernheimer Dreiecks keine zahlenmäßigen Grenzen gesetzt waren, gab es unter der unruhigen Intelligenz wie immer einige Unzufriedene, die dem Traum nachhingen, es müsse »mehr als alles« geben. Alles, das war in diesem Jahrtausend identisch mit der Zahl 4 gewesen.

So weit war auch der Schreiber Wu-tan, ein niederer Hofbeamter der Shang-Dynastie mit seinen Gedanken gekommen, als er, an einem schwülen Sommerabend unter einem Mangobaum sitzend, gedankenverloren auf seine rechte Hand starrte.

Da waren sie wieder, die 4 Finger, so wie er sie kannte – einer immer schön neben dem andern in einer Reihe, keiner mehr und keiner weniger.

Aber was war das da – halbverborgen im Schatten seiner gekrümmten Handfläche! Ein rudimentäres, aber doch deutlich erkennbares 5. Glied, das man nur wegen seiner abseitigen Lage bisher nicht mitgezählt hatte.

So kam die quinäre Fingerzählung auf der Basis der Zahl 5 auf die Welt, ein System übrigens, das heute noch von den Kaufleuten des indischen Staates Maharashtra mit großer Schnelligkeit benutzt wird.

Gleichzeitig wurde aber auch das binäre Zahlensystem endgültig aufgegeben, ein logisches System von großer Schönheit, das erst die moderne Informatik mit dem digitalen Rechnen wieder ans Licht brachte.

Das additive Prinzip

Nun ging alles sehr schnell. Keine 500 Jahre und eine Dynastie weiter entdeckte der Mandarin Fu-san an seiner linken Hand weitere 5 Finger, die sich nicht minder gut zum Zählen eigneten, womit er außer dem additiven Prinzip auch gleichzeitig die erste Zehnerpotenz erfunden hatte.

Zwei mal fünf Zehen

Und als, wiederum keine 1000 Jahre später, ein Indio
im peruanischen Hochland das Steppengras verließ,
um zu einer Wasserstelle zu gehen, wurde ihm zum
ersten Mal bewußt, daß ihm mit seinen zweimal 5
Zehen auf Schritt und Tritt ein ganz wunderbares
Rechenbrett zur Verfügung stand.

Nun, da man sie zählen konnte, wuchsen die Ziegen- und Rinderherden in die Breite, die Häuser in die Höhe, und die Geldverleiher sorgten dafür, daß es immer etwas zu zählen gab. Und wirklich war des Rechnens und Zählens mit Händen und Füßen von da an kein Ende.

Nach dem 5-o'clock-tea und der 5. Kolonne gab es bald den 6-Prozenter, die 7-Uhr-Nachrichten, den 8-Stunden-Tag, die 9. Symphonie und die 10 Gebote.

Ebels Versuch

Siebenhundert Jahre später, im Jahr 1103 n. Chr., saß der Mönch Ebel in der Zehntscheune des Klosters von Zaragossa und führte Buch über die Weizensäcke, die die murrenden Bauern in den letzten Wochen angeliefert hatten. Während er mit seinem Abakus hantierte, wurden ihm wieder einmal die Schwächen des additiven Prinzips klar. Besonders bei der Berechnung des Zehnten wünschte er sich eine Ziffer jenseits aller bekannten Ziffern, die allein durch die Position, die sie innerhalb der Zahlenreihe einnähme, den Wert der ganzen Zahl bestimmte.

So anstrengend war dieser Gedankengang, der da durch Ebels Kopf schoß, daß der Mönch alsbald in einen bleischweren Schlummer hinüberglitt.

Und es erschien ihm der Engel des Herrn, der auf dem Kopf ein schimmernd kreisförmiges Zeichen trug, das Ebel alsbald als die gesuchte neue Zahl, nämlich die Null, erkannte. Und das Zeichen senkte sich auf Ebel nieder und erleuchtete ihn über die Maßen.

Der Prior des Klosters, ein weitgerühmter Zahlenmystiker, bekreuzigte sich entsetzt, als Ebel am andern Morgen im Klostergarten im Hinblick auf seinen nächtlichen Traum die Kanonisierung der 0 verlangte.

Diese Ziffer, deren Namen zu nennen er sich weigere, sei in Wahrheit der zahlgewordene Antichrist. Ließe man zu, daß sie sich in unser Dezimalsystem einschleiche, so werde sie, gleich dem kosmischen schwarzen Loch, der Antimaterie, ähnlich einem unersättlichen Schlund, dem sie ja auch optisch gleiche, alle Zahlen innerhalb unseres Rechensystems verschlukken. Sie tue dies gemäß ihrem nihilistischen Charakter – und alles Zahlenwerk seit Anbeginn der Menschheit sei damit, wie ihr Name ja sage: null und nichtig.

»Und der Himmel weiß, was sonst noch!« fügte der abergläubische Abt hinzu und bekreuzigte sich nochmals.

Mönch Ebel aber, der gute Beziehungen zu den führenden Handelshäusern des Landes pflegte, setzte sich durch. So konnten die Einwohner Zaragossas am Himmelfahrtstag des Jahres 1103 auf ihrem Paradeplatz ein denkwürdiges Schauspiel erleben.

In Anwesenheit des Vizekönigs von Kastilien wurden von 9 starken Männern 9 steinerne Kugeln auf den Platz gerollt. Und dann, nach einem Fanfarenstoß, schob ein zum Tode verurteilter Kettensträfling die Kugel mit der Ziffer 0 heran.

Totenstill war es auf dem Platz, als sich die vergoldete Kugel Handbreit um Handbreit den anderen näherte und schließlich mit einem satten Ton an sie stieß.

Aber alles ging gut: Die gefürchtete Kettenreaktion blieb aus, im Gegenteil, die Null lud die anderen Ziffern derartig auf, daß diese nun den zehnfachen Wert besaßen. Und das war erst der Anfang, wie wir heute wissen.

Der glückliche Ausgang von »Ebels Versuch«, wie er seither in der mathematischen Literatur heißt, erfreut aber bis auf den heutigen Tag alle, für die es rein gar nichts Schöneres im Leben gibt als eine Zahl mit möglichst vielen Nullen.

Hans Traxler
Aus dem Leben der Gummibärchen

»Es ist dem Frankfurter Zeichner und Populärwissen-
schaftler Hans Traxler zu verdanken, daß nach jahrelanger
Forschungsarbeit Licht ins Gummi gebracht werden
konnte. Traxlers Anliegen ist es seit langem, Figuren der
Zeitgeschichte ins richtige Licht zu rücken: ›Nach meinen
Veröffentlichungen über den Papst, Helmut Kohl und
Michail Gorbatschow war diese Arbeit ein absolutes Muß,
denn die Gummibärchen sind nicht geringer einzuschät-
zen.‹« *Rolf Dieckmann / Stern, Hamburg*

»Traxler bleibt dem entzückten Leser und Betrachter
schließlich nur eines schuldig: Die endgültige Antwort
auf die Frage, ob der Mensch nun vom Affen abstamme –
oder nicht doch von Gummibärchen.«
Gery Nievergelt / SonntagsZeitung, Zürich

»Die Gummibärchen sind eine höchst bedrohte Tierart:
Kindergeburtstage sind am schlimmsten; aber warmes
Wasser, wildgewordene Lakritzen oder der Untergang der
Titanic sind nicht weniger existenzbedrohend... Bevor die
Art vollkommen niedergekaut ist, hat Hans Traxler noch
ein verdienstvolles Werk vorgelegt.« *tz, München*

»Auch diejenigen, die noch nie im Leben ein Gummibärchen im Mund hatten, auch diejenigen, die Schwierigkeiten
mit den dritten und vierten oder gar keinen Zähnen haben,
werden Spaß und Freude haben an diesem Bilderbuch mit
den kurzen, gescheiten, wunderbar märchenhaften Tex-
ten.« *Beat Wüthrich / Die Weltwoche, Zürich*

Capriccios & Cartoons
im Diogenes Verlag

● **Franziska Becker**
Power!
Bildergeschichten

● **Bosc**
Du mich auch!
Einhundertfünfzig der besten Zeichnungen. Herausgegeben von Christian Strich

Alles, bloß das nicht!
Die dreihundert besten Zeichnungen
Herausgegeben von Christian Strich

● **Chaval**
Autofahren kann jeder!
Ein neuer Leitfaden für den modernen Kraftfahrer von Chaval und Christian Strich

Fotoschule
Ein unkonventioneller Leitfaden für Foto- und Filmfreunde

● **Manfred Deix**
Augenschmaus
Das neue Tagebuch

Der Männer-Report

● **Edward Gorey**
Die wahnsinnigen Werke des Edward Gorey in 33 Bänden

● **Hans Gmür & Loriot**
Die Ehe für Anfängerinnen
oder wie man einen Ehemann erzieht. Mit einem Nachwort von Stephanie Glaser und Zeichnungen von Loriot

● **Helme Heine**
Uhren haben keine Bremse

Der innere und der äußere Otto

● **Reinhart Lempp & Loriot**
Kinder für Anfänger
Mit Zeichnungen von Loriot

Eltern für Anfänger
Mit Zeichnungen von Loriot

Enkel für Anfänger
Mit Zeichnungen von Loriot

● **Liebesbriefe für Anfänger**
Der klassische Liebesbriefsteller von Fritz Ammer und Georg Andreas. Mit einem Anhang von modernen Liebesbriefen von Loriot

● **Loriot**
Loriots Großes Tagebuch
Erheblich erweiterte Ausgabe von ›Loriots Tagebuch‹ und ›Loriots Kommentare‹

Loriots Großer Ratgeber
500 Abbildungen und erläuternde Texte

Loriots Heile Welt
Neue gesammelte Texte und Zeichnungen

Loriots Dramatische Werke
Texte und Bilder aus sämtlichen Fernsehsendungen von Loriot

Möpse & Menschen
Eine Art Biographie

Loriots Ödipussi
Drehbuch mit zahlreichen, meist farbigen Fotos

Pappa ante portas
Drehbuch mit zahlreichen, meist farbigen Fotos

Loriot
Mit einem Vorwort von Patrick Süskind

Loriots kleine Prosa
Mit vielen Zeichnungen des Verfassers

Loriots Tagebuch
Kommentare zum Zeitgeschehen

Loriots kleiner Ratgeber
Abbildungen und erläuternde Texte

Loriots Kommentare
zu Politik, Wirtschaft, Kultur, Modernem Leben, Männer und Sport sowie Tier- und Frauenwelt

Der gute Ton
Das Handbuch feiner Lebensart

Der Weg zum Erfolg
Ein erschöpfender Ratgeber

Wahre Geschichten
Erlogen von Loriot

Für den Fall...
Der neuzeitliche Helfer in schwierigen Lebenslagen

Umgang mit Tieren
Das einzige Nachschlagewerk seiner Art

Nimm's leicht!
Eine ernsthafte und nützliche Betrachtung

Der gute Geschmack
Erlesene Rezepte für Küche und Karriere

Neue Lebenskunst
in Wort und Bild

Menschen, die man nicht vergißt
Achtzehn beispielhafte Bildergeschichten

Herzliche Glückwünsche
Ein umweltfreundliches Erzeugnis

Auf den Hund gekommen
44 lieblose Zeichnungen mit einem Geleitwort von Wolfgang Hildesheimer

Szenen einer Ehe

● **Tullio Pericoli**
Portraits
Mit einem Vorwort von Umberto Eco

● **Bernd Pohlenz**
Körpersprache
und 111 andere hübsche Cartoons

● **Roger Price**
Der kleine Psychologe
Sämtliche Drudel

● **Ronald Searle**
Weil noch das Lämpchen glüht
99 boshafte Zeichnungen, gerechtfertigt durch Friedrich Dürrenmatt

● **Sempé**
Air Mail
Aus dem Französischen von Ursula Vogel

So ein Zufall
Ein sorgsames Abbild unserer schnellebigen Zeit

Der Morgenmensch

Halb gewonnen

Stille, Sinnenlust und Pracht

Wie das Leben so spielt
Der gesellschaftliche Aufstieg des Monsieur Lambert

Fenster
Mit einer Einführung von Claus Heinrich Meyer

Sempé's Volltreffer
Geschichten, die das Leben schreibt

Umso schlimmer

Wie verführe ich die Männer?

Wie verführe ich die Frauen?

Wie sag ich's meinen Kindern?

Gute Fahrt!
und andere Bildergeschichten

Der Lebenskünstler
Ein Standardwerk psychologischer Lebenshilfe in neurotischer Zeit

Von den Höhen und Tiefen

Sempé's St-Tropez

Sempé's Konsumenten
Zeichnungen

Sempé's Musiker
Solisten und Orchester aller Stile in allen Zeiten

Alles wird komplizierter
Deutsch von François Bondy

Sempé's Paris

Sempé's Beziehungskisten

Sempé's Katzen

Wohin die Liebe fällt

Carlino Caramel

● **Hans Traxler**
Wie Adam zählen lernte
Eine Kulturgeschichte in Bildern

Aus dem Leben der Gummibärchen

Der Große Gorbi

Leute von Gestern
Vierzig Bildergeschichten mit Einzelheiten aus dem Leben von Noah bis Fassbinder

● **Tomi Ungerer**
Babylon
The Book To End All Books

Der Sexmaniak
Aus dem Geheimen Skizzenbuch

politrics
Posters, Cartoons 1960 – 1979. Herausgegeben von Anton Friedrich

The Party

● **Viel Kinder, viel Segen**
Ein Buch von Kindern und ihrer Entwicklung vom Schreihals zum Flegel. Herausgegeben von Christian Strich. Mit Zeichnungen von Fiep Westendorp

● **Friedrich Karl Waechter**
Mich wundert, daß ich fröhlich bin

Glückliche Stunde

Nur den Kopf nicht hängen lassen
Bildergeschichten

Der Traum der Bergfrösche

Männer auf verlorenem Posten

Wahrscheinlich guckt wieder kein Schwein

● **Hans Weigel**
Blödeln für Anfänger
Aussichtsloser Versuch der Bewältigung eines in dieser Form nicht zu bewältigenden Gegenstandes. Mit Zeichnungen von Paul Flora

● **Wird eingefahren!**
Autos und ihre Besitzer, gezeichnet von Bosc, Chaval, Dubout, Kiraz, Steger u.a. Beschrieben von Sigismund von Radecki

● **Reiner Zimnik**
Geschichten vom Lektro

Sebastian Gsangl
Meinungen eines gutmütig-grantigen Bayern mit Bürger-Mut